BEI GRIN MACHT SICH IHR WISSEN BEZAHLT

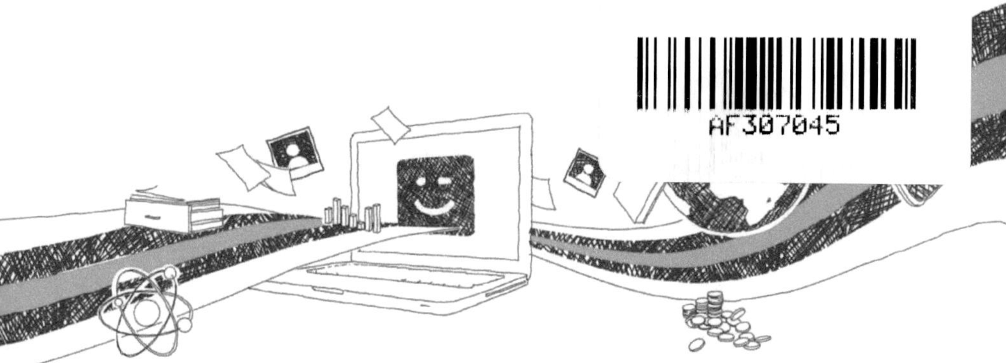

- Wir veröffentlichen Ihre Hausarbeit,
  Bachelor- und Masterarbeit

- Ihr eigenes eBook und Buch -
  weltweit in allen wichtigen Shops

- Verdienen Sie an jedem Verkauf

Jetzt bei www.GRIN.com hochladen
und kostenlos publizieren

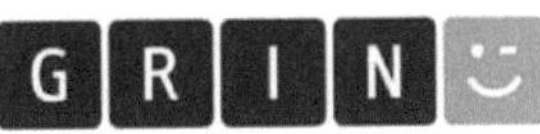

Ernst Probst

Marilyn Monroe - Amerikas größter Filmstar

GRIN Verlag

Bibliografische Information der Deutschen Nationalbibliothek:

Die Deutsche Bibliothek verzeichnet diese Publikation in der Deutschen National-
bibliografie; detaillierte bibliografische Daten sind im Internet über http://dnb.d-
nb.de/ abrufbar.

Impressum:

Copyright © 2012 GRIN Verlag, Open Publishing GmbH
Druck und Bindung: Books on Demand GmbH, Norderstedt Germany
ISBN: 978-3-656-18010-4

Dieses Buch bei GRIN:

http://www.grin.com/de/e-book/192748/marilyn-monroe-amerikas-groesster-filmstar

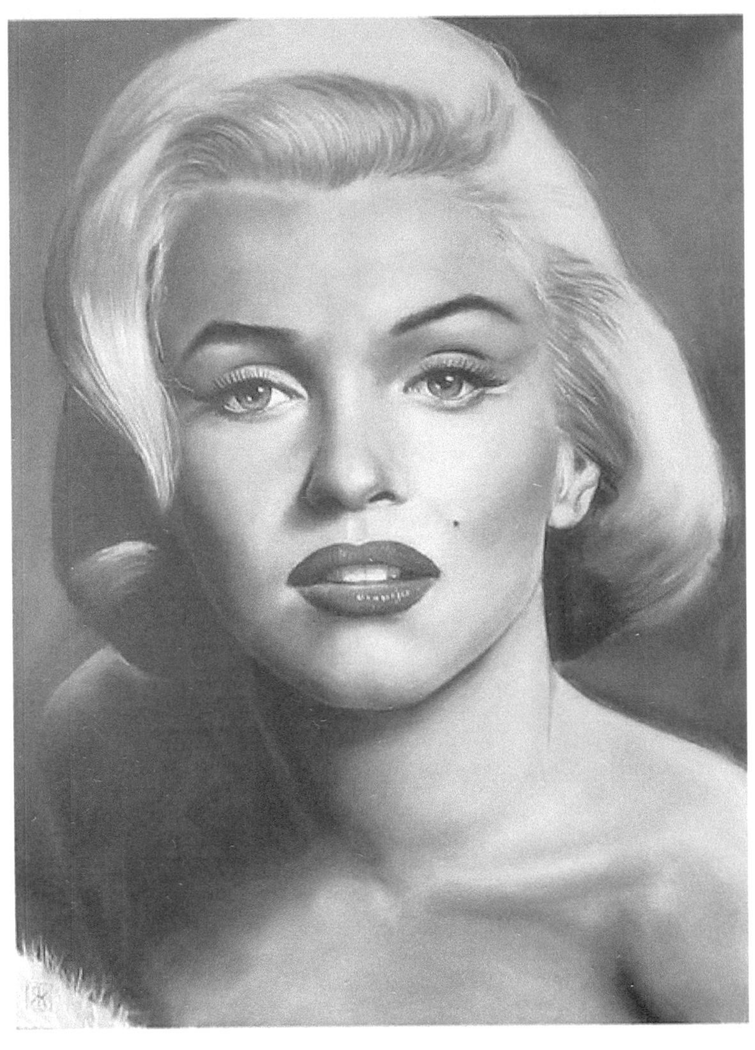

Marilyn Monroe (1926–1962),
Gemälde von Ralf Krampe aus dem Jahre 2005

Ernst Probst

Marilyn Monroe

Amerikas
größter Filmstar

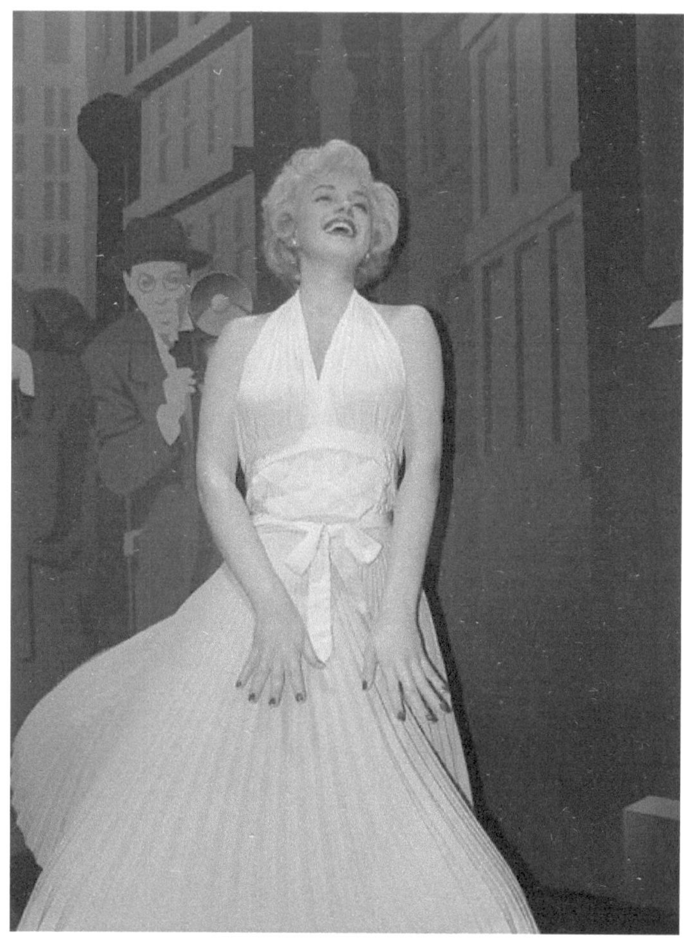

*Marilyn Monroe als Wachsfigur
im Wachsfigurenkabinett „Madame Tussauds", London*

Marilyn Monroe

Amerikas größter Filmstar

Der faszinierendste Star der Filmgeschichte war die amerikanische Schauspielerin Marilyn Monroe (1926–1962), eigentlich Norma Jean Mortenson. Ihre Wirkung auf der Kinoleinwand beruhte auf leuchtend blonden Locken, malerischen Kurven, einer tiefen, rauchigen Stimme und ihrem verletzlichen Gebaren. Zur Bildung von Legenden trug vor allem der frühe Tod des Sexidols der 1950-er Jahre bei.

Norma Jean Mortenson schlug am 1. Juni 1926 in Los Angeles (Kalifornien) erstmals ihre Augen auf. Ihre Mutter, die Filmcutterin Gladys Pearl Mortenson, geborene Monroe, hatte zum Zeitpunkt der Geburt bereits zwei Ehen hinter sich. Aus der ersten Ehe mit John Baker stammten ein Sohn und eine Tochter, die nach der Scheidung bei ihrem Vater lebten. Am 11. Oktober 1924 heiratete Gladys Pearl Baker den Gasgebührenableser Martin Edward Mortenson, mit dem sie nur vier Monate zusammenlebte, bevor sie ihn verließ. Die Scheidung erfolgt erst 1928.

Als mutmaßlicher Vater von Norma Jean gilt Charles Stanley Gifford, der im Filmstudio „RKO Pictures" arbeitete und dort der Vorgesetzte der Cutterin Gladys

Pearl Mortenson war. Gifford hatte 1925 eine Affäre mit Mortenson, verließ sie aber, als er von ihrer Schwangerschaft erfuhr.

Nach der Geburt am 1. Juni 1926 im „General Hospital" in Los Angeles wurde auf der Geburtsurkunde der Name Norma Jean Mortenson eingetragen. Bei der kirchlichen Taufe am 6. Dezember 1926 ließ die Großmutter Della Mae Monroe, geborene Hogan, den Namen Norma Jeane Baker eintragen, also den Nachnamen des ersten Ehemannes von Gladys. Auf diese Weise wollte die Großmutter die Unehelichkeit des Mädchens vertuschen. Den Vornamen Norma wählte die Mutter zur Erinnerung an die Schauspielerin Norma Talmagde (1894–1957).

Die berufstätige Mutter gab Norma Jean am 13. Juni 1926 bei dem Postboten Albert Bolender und seiner Frau Ida im Stadtteil Hawthorne von Los Angeles zur Pflege. Das Ehepaar hatte einen eigenen Sohn und nahm zusätzlich Pflegekinder auf, um sein Einkommen aufzubessern. Für die frommen Bolenders galten Kino, Tanzen, Rauchen und Kartenspiele als Werk des Teufels. Ab September 1932 besuchte Norma Jean die „Washington Street School" in Hawthorne. Ende 1933 erschoss ein Nachbar der Pflegeeltern mit der Schrotflinte den bellenden kleinen Hund „Tippy" der Siebenjährigen. Dies stürzte das Mädchen in so tiefe Trauer, dass die Bolenders die Mutter alarmierten, die ihre Tochter mit zu sich in ihre Wohnung nach Hollywood nahm.

Wegen finanzieller Probleme während der Weltwirtschaftskrise erschoss sich Ende der 1920-er Jahre der Großvater Otis Elmer Monroe. Kurz darauf erlitt Gladys einen Nervenzusammenbruch und erkrankte wie zuvor ihre Mutter Della Mae psychisch. Glady focht einen schweren inneren Konflikt aus. Einerseits sympathisierte sie mit den Pfingstlern und Lutheranern, andererseits hatte sie Geschlechtsverkehr mit ständig wechselnden Partnern.

Im August 1933 bezogen Mutter und Tochter ein möbliertes Haus in Los Angeles. Um das Darlehen hierfür abzahlen zu können, verpachtete die Mutter das Haus an eine dreiköpfige Familie und mietete von diesem ein Schlafzimmer für sich und ihre Tochter zurück. Wohnzimmer, Bad und Küche wurden miteinander geteilt. Da die Mutter als Cutterin in einem Filmlabor arbeitete und die Familienmitglieder in Filmen auftraten, sprach man in diesem Haus viel über Filme.

Eine wichtige Rolle im Leben von Norma Jean Mortenson spielte Grace McKee, die Freundin ihrer Mutter. Sie erhielt 1935 die Vormundschaft für das Mädchen, nachdem dessen Mutter wegen angeblicher Geisteskrankheit für unzurechnungsfähig erklärt wurde. Grace McKee, die selbst von einer Filmkarriere träumte und als Aufseherin in einem Filmlabor arbeitete, hatte beschlossen, dass Norma Jean ein Filmstar werden sollte.

Am 13. November 1935 lieferte Grace McKee auf Drängen ihres frischgebackenen Ehemannes Erwin Silliman Goddard schweren Herzens die neunjährige Norma Jean in einem Waisenhaus von Los Angeles ab. Doch sie hielt ihr Versprechen, das Mädchen wieder zu sich zu holen: Am 7. Juni 1937 kehrte die Elfjährige in das Haus der Goddards zurück, verließ dieses aber schon im November jenes Jahres wieder, nachdem sie von dem betrunkenen Goddard sexuell bedrängt wurde.

Von November 1937 bis August 1938 lebte Norma Jean zusammen mit einem Cousin und zwei Cousinen bei einer Großtante in Compton (Kalifornien). Der Cousin zwang sie im Juni 1938 zu sexuellen Handlungen. Im August 1938 nahm eine Tante von Grace McKee die zwölfjährige Norma Jean bei sich auf. Sie war der erste Mensch, den die Kleine wirklich liebte und der auch sie mochte.

Kurz nach ihrem 16. Geburtstag heiratete Norma Jean am 19. Juni 1942 ihren 21-jährigen Nachbarn James E. Dougherty, der damals bei den Lockheed-Flugzeugwerken arbeitete und „Jim" genannt wurde. Nach der frühen Heirat verließ sie die Schule. James wurde kurz nach der Hochzeit zur Kriegsmarine eingezogen. Ab April 1944 verdiente Norma Jean ihren Lebensunterhalt in der Montageabteilung einer Rüstungsfirma, wo sie zunächst Lack auf Flugzeugrumpfteile sprühen und später Fallschirme überprüfen musste.

In der Rüstungsfirma fiel Norma Jean 1945 dem Armee-Fotografen David Conover auf, der Frauen bei der Arbeit ablichtete. Die ersten Fotos von ihr erschienen Mitte 1945 mit Hilfe des damaligen Majors und späteren US-Präsidenten Ronald Reagan (1911–2004) im Magazin „Yank, the Army Weekly" der „U. S. Army". Bald galt sie als Traum vieler Fotografen. Ihnen kam es vor, als würde sie mit der Kamera flirten und mit anonymen Bewunderern Kontakt aufnehmen. Von August bis Herbst 1945 ließ sich Marilyn in Hollywood zum Fotomodell und Mannequin ausbilden. Damals war sie 1,66 Meter groß, wog 107 Pfund, hatte die Maße 91, 61, 86 und Kleidergröße 38.

Es folgten Auftritte als Hostess, Modellstehen für einen Bekleidungskatalog, eine Modenschau in Hollywood und zahlreiche Fototermine. Bis zum Frühjahr 1946 sah man Norma Jean Dougherty bereits auf 33 Titelblättern von Zeitschriften. Als ihr Mann forderte, sie solle sich zwischen ihm und ihrer Karriere entscheiden, kam es am 13. September 1946 zur Scheidung.

Von 1946 bis 1947 trug Norma Jean eine Zahnspange. Ihre Agentin betrachtete ihre brünetten Haare als „zu lockig" und empfahl ihr Dauerwelle und Blondfärben. Norma Jean befolgte diese kosmetischen Ratschläge prompt. Ihre Haarkrause wurde fortan regelmäßig mit großem Aufwand geglättet. Gelegentlich entfernte man auch den spitzen Haaransatz oberhalb ihrer Stirn.

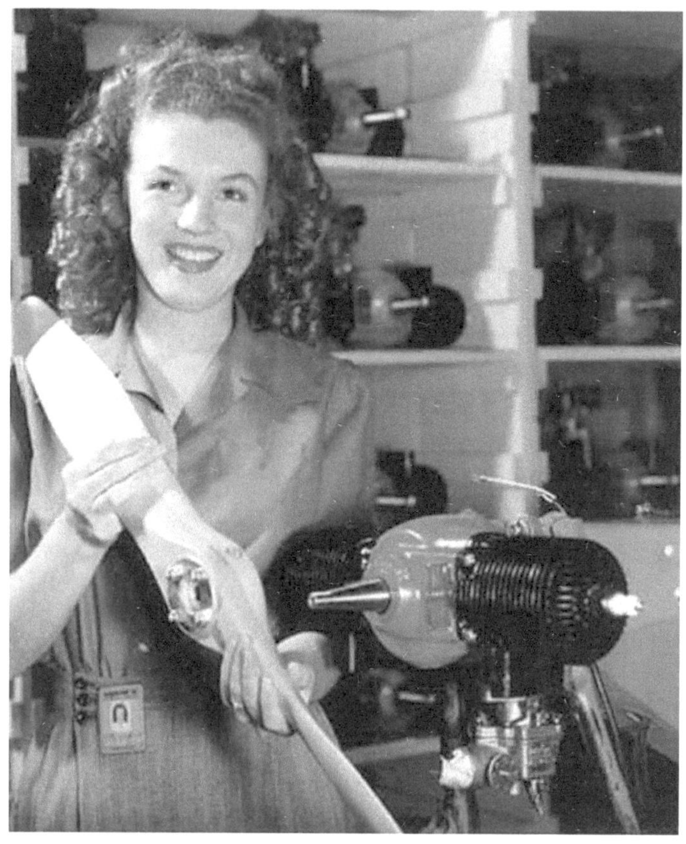

*Norma Jean Dougherty (später Marilyn Monroe)
auf einem Foto des Armee-Fotografen David Conover
im Magazin „Yank, the Army Weekly"
vom 26. Juni 1945*

Vor den Kulissen für den Film „Mother Wore Tighs" machte Norma Jean am 19. Juli 1946 Probeaufnahmen mit dem berühmten Kameramann Leon Shamroy (1901–1974), der bereits mehrere „Oscars" erhalten hatte. Kurz danach gab ihr das Filmstudio „20th Century Fox" einen Vertrag über ein halbes Jahr, der einen Wochenlohn von 75 US-Dollar garantierte. Den Kontrakt musste ihr Vormund Grace McKee unterzeichnen, da Norma Jean mit 20 Jahren noch als minderjährig galt. Ab August 1946 nannte sie sich „Marilyn Monroe", da nach Ansicht des „Fox"-Talentsuchers Ben Lyon (1901–1979) niemand wisse, wie man ihren Namen Dougherty aussprechen solle. Der Künstlername Marilyn Monroe bestand aus dem Vornamen der berühmten amerikanischen Tänzerin Marilyn Miller (1898–1936) und dem Mädchennamen ihrer Mutter.
Der Vertrag mit Marilyn Monroe wurde im Februar 1947 um ein halbes Jahr verlängert. Im Mai 1947 wirkte sie in drei kurzen Einstellungen von „Dangerous Years" („Gefährliche Jahre") mit. In „Scudda-Hoo! Scudda-Hay!" („Sommergewitter", 1948) mimte sie in zwei Szenen, von denen eine später entfiel, ein High-School-Mädchen. Man sah sie nur eine Sekunde lang und sie sagte nur einen einzigen Satz. Im August 1947 verlängerte man den Vertrag mit ihr nicht mehr. In der Folgezeit gab sie ihr ganzes Geld für Schauspielunterricht, Miete und Auto aus. Das Geld für ihr Essen verdiente sich – nach eigener Aussage – als Callgirl.

Im Juli 1948 stand Marilyn Monroe für den Film „Ladies of the Chorus" („Ich tanze in dein Herz"), der in zehn Tagen gedreht wurde, vor der Kamera. Ihr Auftritt in „Love Happy" („Glücklich verliebt", 1949) dauerte lediglich 60 Sekunden.

Im Frühjahr 1949 posierte Marilyn Monroe nackt für den Fotografen Tom Kelley (1914–1984). Erst 1952 wurde eines jener Aktfotos als Kalenderblatt veröffentlicht. Das Motiv zeigte Marilyn nackt auf rotem Samt. Sie sagte hierzu: „Ich musste meine Miete bezahlen". Als ein Journalist sie fragte, ob sie wirklich nichts anhatte, antwortete sie schlagfertig: „Doch! Das Radio!" Der Fotograf hatte Marilyn für die Fotositzung 50 US-Dollar bezahlt, später selbst aber 500 US-Dollar für ein Aktfoto kassiert. Der Aktkalender wurde finanziell ein großer Erfolg. Im Dezember 1953 erschien das erwähnte Aktfoto nochmals in der ersten Ausgabe des „Playboy". Bis 1956 wurden Fotos aus der Fotositzung von 1949 auf verschiedenen Kalendern veröffentlicht.

Im Oktober 1950 unterschrieb Marilyn Monroe einen Siebenjahresvertrag beim Filmstudio „20th Century Fox". Damit verfügte sie über ein geregeltes Einkommen, hatte aber einen Knebelvertrag abgeschlossen, der mit allerlei Auflagen an sie verbunden war. Dank ihrer Leinwandpräsenz wurden andere Filmstudios auf sie aufmerksam und bemühten sich um sie.

Den Durchbruch brachte erst der Streifen „The Asphalt Jungle" („Asphalt-Dschungel", 1950), in dem die

Monroe in drei Szenen die Rolle der jungen Geliebten eines älteren betrügerischen Anwalts spielte. „In The Asphalt Jungle" entwickelte sich Marilyn von einem Filmsternchen zu einer ernsthaften Schauspielerin", schrieb der Autor Donald Spoto in seiner Biografie „Marilyn Monroe" (1993). Danach sah man sie in „All about Eve" („Alles über Eva", 1950) und „Monkey Business" („Liebling, ich werde jünger", 1952).

1952 lernte Marilyn Monroe bei einem arrangierten Blind Date den früheren Baseballspieler Joe DiMaggio (1914–1999) kennen. Später sagte sie hierzu, sie habe ihn eigentlich gar nicht treffen wollen und sich vorgestellt, er würde grellbunte Krawatten tragen und Muskeln wie ein Bodybuilder haben. Doch es funkte zwischen den Beiden. Der 39 Jahre alte Ex-Sportler wurde am 14. Januar 1954 der zweite Ehemann der 27-Jährigen. Marilyn war zu jener Zeit auf dem Weg, ein Star zu werden, Joe hatte sich gerade als Sportler zur Ruhe gesetzt und wünschte sich eine häusliche Gattin.

Ab 16. Februar 1954 trat Marilyn Monroe an vier Tagen in einer improvisierten Show vor Tausenden amerikanischer Soldaten im vom Krieg verwüsteten Korea auf. Ungeachtet des eisigen Wetters trug sie bei ihrem Auftritt nur ein leichtes Abendkleid, weshalb sie nach der Tournee an einer Lungenentzündung litt. Nach der Tournee in Korea fragte Marilyn ihren Mann: „Joe, hast du jemals erlebt, dass 10.000 Menschen von ihren Plätzen aufspringen und dir applaudieren?" Die Anwort

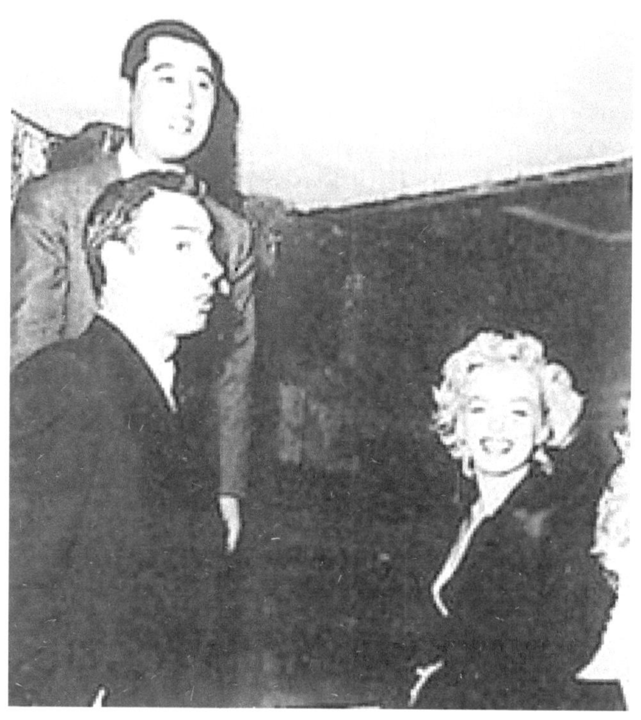

Marilyn Monroe (rechts)
mit Ehemann Joe DiMaggio (links vorne)
während ihrer Flitterwochen 1954
im „Imperial Hotel" in Tokio (Japan).
Links oben Tetsuzo Inumari,
der Generalmanager des „Imperial Hotel"

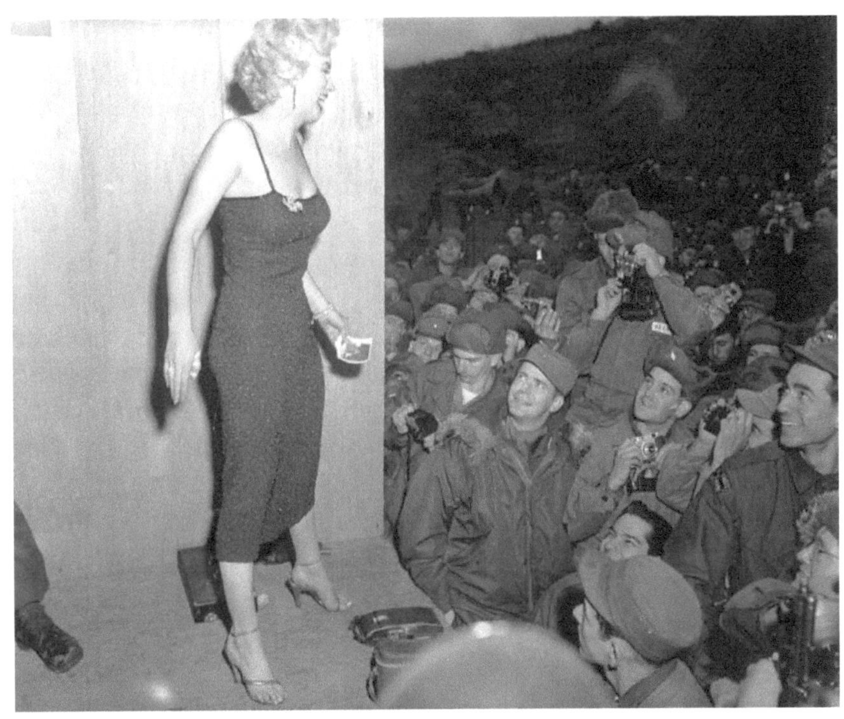

Marilyn Monroe (links)
nach einem Auftritt
in der „USO Camp Show „Anything Goes"
vor amerikanischen Soldaten
der „3d U.S. Infantry Division"
am 17. Februar 1954 in Korea

des ehemaligen Baseballspielers: „Bei mir waren es 75.000".

„River of No Return"(„Fluß ohne Wiederkehr", 1954) war der einzige klassische Western, in dem Marilyn Monroe mitwirkte. Die männliche Hauptrolle spielte Robert Mitchum (1917–1997). Bei den Dreharbeiten brach sich die Monroe ein Bein, was die Produktion verzögerte und weshalb man sie in vielen Szenen nur mit verdeckten Beinen sieht. Mit ihr hatte der Regisseur Otto Preminger öfter Streit. In einem Interview erklärte er: „Marylin Monroe ist wie Lassie. Mit ihr muss man 14 Mal die gleiche Szene drehen, bevor sie an der richtigen Stelle bellt".

Während der Dreharbeiten für den Film „The Seven Year Itch" („Das verflixte 7. Jahr", 1955), bei dem in einer Szene das Kleid der Monroe über einem New Yorker U-Bahn-Schacht immer wieder hochgeweht wurde, bekam ihr Ehemann DiMaggio vor Hunderten von Zuschauern einen Eifersuchtsanfall. Diese Szene war allerdings unrealistisch. In Wirklichkeit reicht der Luftzug über einem U-Bahn-Schacht nicht aus, um ein Kleid hochzuwehen.

Die zweite Ehe von Marilyn Monroe mit Joe DiMaggio, dessen Leben angeblich vor allem aus Bier und Fernsehen bestand, wurde am 31. Oktober 1955 wegen gegenseitiger seelischer Grausamkeit geschieden. Ab Frühjahr 1961 pflegten beide allerdings wieder herzlichen Kontakt.

Zum Jahresanfang 1955 gründete Marilyn Monroe zusammen mit dem Mode- und Porträtfotografen Milton H. Greene (1922–1985) die Filmgesellschaft „Marilyn Monroe Inc.". Die Monroe hielt 51 Prozent der Anteile dieses Unternehmens, Green die restlichen 49 Prozent. Damals war die Monroe neben Mary Pickford (1892–1979) und Ida Lupino (1918–1995) die dritte weibliche Vertragsschauspielerin in Hollywood, die eine eigene Produktionsgesellschaft gegründet hatte. Davon versprach sich die Monroe auch anspruchsvollere Rollen für sich selbst. Ihren Vertrag mit „20th Century Fox" verlängerte sie nicht mehr.

1956 zog Marilyn Monroe nach New York City, wo sie Kurse am „Actors Studio" besuchte und das „Method Acting" erlernte. Ihr Mentor wurde der Schauspieler Lee Strasberg (1901–1982). Dessen Ehefrau Paula beriet sie bei nachfolgenden Dreharbeiten. In jenem Jahr änderte sie ihren Namen Norma Jean Mortensen gesetzlich in Marilyn Monroe ab.

Am 29. Juni 1956 ließen sich Marilyn Monroe und der amerikanische Schriftsteller Arthur Miller (1915–2005) standesamtlich und am 1. Juli 1956 nach jüdischem Ritus trauen. Sie konvertierte seinetwegen zum Judentum. Marilyn hatte ihren Bräutigam bei den Dreharbeiten für den Film „As Young As You Feel" („Alter schützt vor Torheit nicht", 1951) kennengelernt. Offenbar sah sie in Miller einen Beschützer und Vaterersatz. Vor dem religiösen Ritus erklärte die Braut unter Tränen, sie wolle

das nicht zu Ende bringen, willigte dann aber doch aus Mitleid mit dem Bräutigam in die Zeremonie ein.
Anfangs verlief die Ehe von Marilyn Monroe mit Arthur Miller sehr glücklich. Miller vermittelte Marilyn durch seine Liebe sowohl Anerkennung als auch Geborgenheit. Beide wünschten sich gemeinsame Kinder. Marilyn konnte sich sogar vorstellen, nur noch Hausfrau und Mutter zu sein. Sie stand Miller beiseite, als dieser 1957 als Sympathisant der Kommunisten verunglimpft wurde. Weil sie unter Entzündung der Gebärmutterschleimheit (Endometriose) litt, hatte Marilyn drei Fehlgeburten. Auch sonst mehrten sich Probleme. Miller störte zunehmend der starke Tablettenkonsum seiner Frau. Marilyn las irgendwann im Tagebuch ihres Gatten, dieser halte sie für eine unberechenbare und hilflose Kindfrau, für die er nur Mitleid empfinde. Nach vielen Ehestreitigkeiten endete die dritte Ehe der Monroe mit Miller am 24. Januar 1961 durch eine Scheidung in Mexiko.
Zu Marilyn Monroes bekanntesten Streifen gehörten „Niagara" (1953), „Gentlemen Prefer Blondes" („Blondinen bevorzugt", 1953), „How to Marry a Millionaire" („Wie angelt man sich einen Millionär?", 1953), „The Seven Year Itch" („Das verflixte 7. Jahr", 1955), „Bus Stop" (1956), „Some Like It Hot" („Manche mögen's heiß", 1959), „Let's Make Love" („Machen wir's in Liebe", 1960) und „The Misfits" („Misfits " – Nicht gesellschaftsfähig", 1961). In „Nigara" mimte sie eine

hinterhältige Braut, in „Wie angelt man sich einen
Millionär?" eine kurzsichtige und geldgierige Person, in
„Manche mögen's heiß" eine eigensinnige Ukelele-Spie-
lerin und in „Das verflixte 7. Jahr" eine verständnislose
„Sex-Maschine".
Der Film „Manche mögen's heiß" gilt als beliebteste
Komödie. Es ist die witzige Story von zwei Musikern,
die 1929 in Chicago Zeugen eines Massakers wurden,
daraufhin in Frauenkleidern vor Gangstern flüchteten
und sich einer weiblichen Jazzband anschlossen, die sie
im Zug nach Florida trafen. Kurz vor dem Ende dieses
Streifens sang die Monroe eines ihrer bekanntesten
Lieder „I Wanna Be Loved by You". Trotz knisternder
Szenen zwischen Tony Curtis (1925–2010) und Marilyn
Monroe, meinte Curtis hinterher ungalant, dass das
Küssen mit Marilyn wie Knutschen mit Hitler sei.
Damals hatte der Medikamentenmissbauchs der Monroe, hinter dem sich körperliche und psychische
Probleme verbargen, bereits sichtbare Folgen. Wegen
Konzentrationsschwäche vergaß sie oft Texte ihrer Rolle
und erschien manchmal erst mit stundenlanger Ver-
spätung am Drehort. Dies erschwerte die Dreharbeiten
und trieb die Produktionskosten hoch.
Auf der Kinoleinwand trat Marilyn Monroe stets
strahlend auf, im Privatleben dagegen war sie innerlich
zerstört und unsicher. Die Vermarktung ihres Körpers
kommentierte sie mit den Worten: „Ein Sexsymbol ist
ein Ding, und ich hasse es, ein Ding zu sein." Ihre

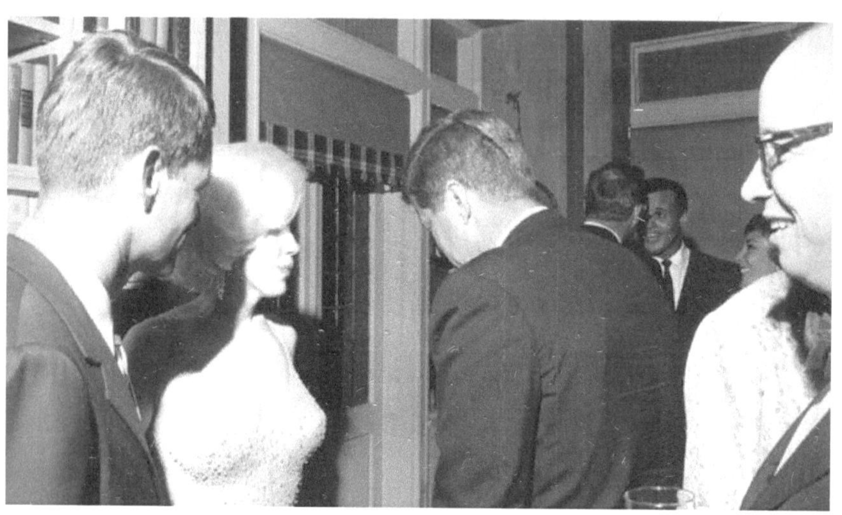

Marilyn Monroe bei der Feier
zum 45. Geburtstag von US-Präsident John F. Kennedy
in „Madison Square Garden" in New York City
am 29. Mai 1962.
Im Vordergrund von links nach rechts:
Justizminister Robert Kennedy, Marilyn Monroe,
John F. Kennedy und Arthur M. Schlesinger.

Liebhaber nannte sie meistens „Daddy". Als ein Gärtner einmal während ihrer Abwesenheit den Rasen mähte, schrie sie bei der Rückkehr, als wäre sie verwundet und steckte die geköpften Blumen zurück in die Erde, damit sie weiterleben könnten.

Während der letzten sieben Jahre ihres Lebens befand sich Marilyn Monroe ständig in ärztlicher und psychoanalytischer Behandlung. 1962 ging sie an manchem Tag zweimal zu ihrem Psychoanalytiker. Immer öfter versuchte sie, ihre manische Depression und ihre Selbstzweifel mit Hypernotika zu bekämpfen.

Endlos dahin zogen sich die Dreharbeiten für „Something's Got to Give", den letzten und unvollendeten Film von Marilyn Monroe. Vor den Dreharbeiten flog sie nach New York City, um im „Actors Studio" mit Lee Strasberg an ihrer Rolle zu arbeiten. Bei der Reise nach New York City erkrankte sie an einer Virusinfektion. Am 23. April 1962, dem ersten geplanten Drehtag, meldete sie sich beim Produzenten Henry T. Weinstein (1924–2000) krank und erschien später nur an 17 von 30 Drehtagen. Durch ihr Fehlen stiegen die Drehkosten stark. Dies machte dem Filmstudio „Fox" sehr zu schaffen, weil gleichzeitig auch die Drehkosten für „Cleopatra" katrastrophal stiegen.

Während der Dreharbeiten hatte die Monroe bei der Geburtstagsfeier des US-Präsidenten John F. Kennedy (1917–1963) am 29. Mai 1962 im „Madison Square Garden" in New York City einen öffentlichen Auftritt.

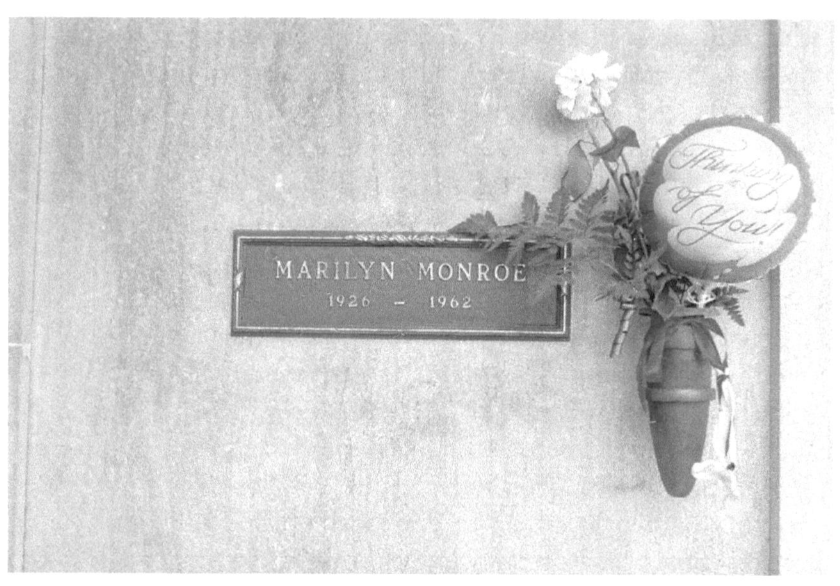

Gruft von Marilyn Monroe
auf dem Friedhof „Westwood Village Memorial Park Cemetery"
in Los Angeles (Kalifornien)

Dabei trug sie ein hautfarbenes Kleid und sang „Happy Birthday, Mr. President". Dieser Auftritt erfolgte gegen den Willen ihres Studios und bewirkte letztendlich, dass die Monroe entlassen wurde, weil sie krank geschrieben war und trotzdem zur Präsidentengala nach New York City flog. Später wollte man nach Verhandlungen die Dreharbeiten an „Something's Got to Give" wieder aufnehmen, aber der Film konnte nicht mehr zu Ende gedreht werden.

Am 5. August 1962 fand man Marilyn Monroe tot im Bett auf. Sie war in der Nacht vom 4. auf den 5. August 1962 im Alter von nur 36 Jahren gestorben. Neben ihr lag ein leeres Röhrchen Schlaftabletten. Als Todesursache werden eine Überdosis und Selbstmord diskutiert. Der Polizist, der ihr Apartment nach ihrem Tod durchsuchen musste, war ihr erster Mann „Jim" Dougherty.

Die Beisetzung von Marilyn Monroe am 8. August 1962 in einem Bronzesarg im „Corridor of Memories" auf dem Friedhof „Westwood Village Memorial Park Cemetery" in Los Angeles wurde vom Ex-Ehemann Joe DiMaggio, der Halbschwester Berniece Inez Miracle, geborene Baker, und der Privatsekretärin organisiert. Lee Strasberg hielt die Trauerrede.

Um den frühen Tod von Marilyn Monroe ranken sich viele Legenden. Weit verbreitet ist eine bis heute unbewiesene Verschwörungstheorie, der amerikanische Präsident John F. Kennedy habe Marilyn durch den

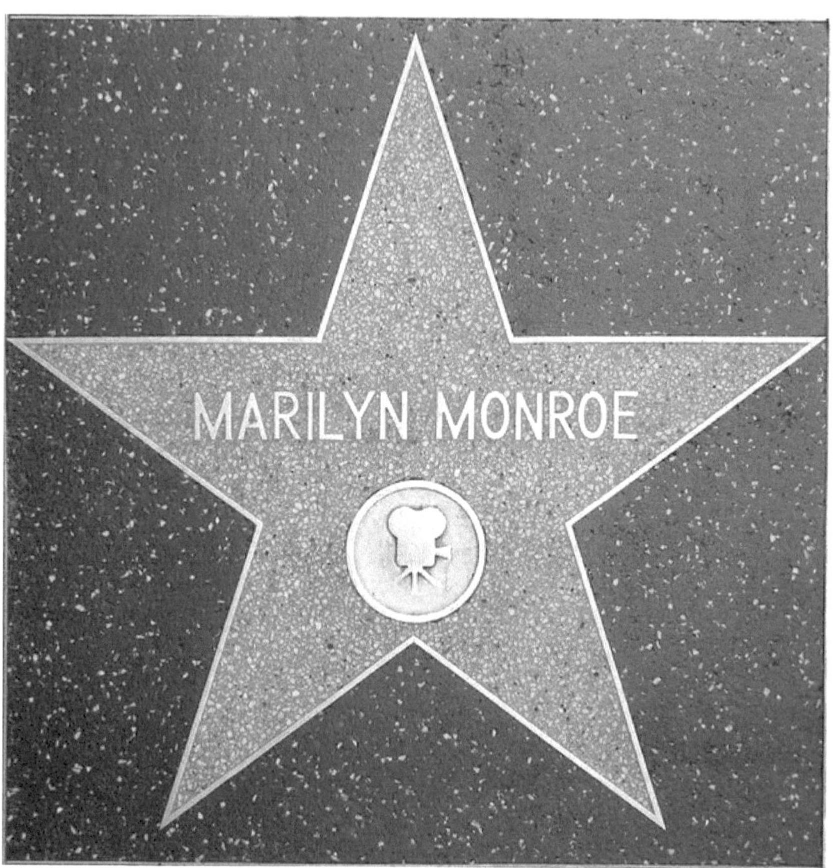

*Stern zu Ehren von Marilyn Monroe
auf dem „Hollywood Walk of fame"*

Geheimdienst „CIA" ermorden lassen, weil seine Affäre mit ihr sein Amt gefährdet habe. Nach Auskunft der Haushälterin Eunice Murray und der Freundin Pat Newcomb sollen viele Telefonate zwischen der Monroe und dem US-Präsidenten vor ihrem Auftritt auf der Geburtstagsfeier geführt worden sein. Außerdem soll sich Marilyn über eine Nacht mit dem US-Präsidenten geäußert haben, was aber ebenfalls nicht belegt ist. Als die Präsidentengattin Jacqueline („Jackie") Kennedy (1929–1994) erfuhr, dass die Monroe auf der Geburtstagsparty ihres Ehemannes auftreten werde, wollte sie den Feierlichkeiten nicht beiwohnen. Angeblich bestand auch zwischen Justizminister Robert Kennedy (1925–1968) und der Monroe ein Verhältnis. Etwas ganz anderes vermutete der Autor Donald Spoto. Er glaubte, die Monroe sei wegen eines groben ärztlichen Kunstfehlers gestorben. Ihr Psychiater und ein anderer Arzt hätten ihr Medikamente verabreicht, die einen tödlichen Cocktail bildeten. Die Spekulationen über den rätselhaften Tod von Marilyn würden ein ganzes Buch füllen.

An Amerikas größten Filmstar erinnern Lieder, Filme über sie, Kunstwerke und zahlreiche Bücher. Eine rekonstruierte Fassung ihres unvollendeten Streifens „Something's Got to Give" erhielt in Deutschland den Titel „Marilyn – Ihr letzter Film".

Filme von Marilyn Monroe

1947: The Shocking Miss Pilgrim
1947: Dangerous Years
1948: You Were Meant for Me
1948: Sommergewitter (Scudda Hoo! Scudda Hay!
oder Summer Lightning)
1948: Green Grass of Wyoming
1948: Ich tanze in dein Herz (Ladies of the Chorus
1949: Glücklich verliebt oder Die Marx Brothers im
Theater (Love Happy)
1950: A Ticket to Tomahawk
1950: Asphalt-Dschungel (The Asphalt Jungle)
1950: Der einsame Champion (Right Cross)
1950: Rollschuhfieber (The Fireball)
1950: Alles über Eva (All About Eve)
1951: Hometown Story oder Headline Story
1951: Alter schützt vor Torheit nicht (As Young As
You Feel)
1951: Love Nest
1951: Let's Make It Legal
1952: Vor dem neuen Tag (Clash by Night)
1952: Wir sind gar nicht verheiratet (We're Not
Married!)
1952: Versuchung auf 809 (Don't Bother to Knock)

1952: Fünf Perlen/ Der Vagabund und die
Gerechtigkeit (O. Henry's Full House/ The Cop and
the Anthem) Episodenfilm
1952: Liebling, ich werde jünger (Monkey Business)
1953: Niagara (Niagara)
1953: Blondinen bevorzugt (Gentlemen Prefer
Blondes)
1953: Wie angelt man sich einen Millionär? (How to
Marry a Millionaire)
1954: Fluß ohne Wiederkehr (River of No Return)
1954: Rhythmus im Blut (There's No Business Like
Show Business)
1955: Das verflixte 7. Jahr (The Seven Year Itch)
1956: Bus Stop
1957: Der Prinz und die Tänzerin (The Prince and
the Showgirl)
1959: Manche mögen's heiß (Some Like it Hot)
1960: Machen wir's in Liebe (Let's Make Love)
1961: Misfits – Nicht gesellschaftsfähig (The Misfits)
1962: Marilyn – Ihr letzter Film (Something's Got to
Give), unvollendet

Quelle: Wikipedia

Fernsehauftritte
von Marilyn Monroe

1953: The Jack Benny Show, Episode 4.1: Honolulu
Trip
1955: Person to Person, Episode 2.32
1961: The DuPont Show of the Week, Episode 1.44:
USO – Wherever They Go!
1962: President Kennedy's Birthday Salute,
nicht ausgestrahlter Mitschnitt

Quelle: Wikipedia

Zitate von Marilyn Monroe

Alles, was zu besitzen sich lohnt, lohnt auch,
dass man darauf wartet.

Ehemänner sind hauptsächlich dann gute Liebhaber,
wenn sie ihre Frauen betrügen.

Ein Sexsymbol ist ein Ding, und ich hasse es,
ein Ding zu sein.

Ein weises Mädchen küsst, aber liebt nicht,
hört zu, aber glaubt nicht und verlässt,
bevor es verlassen wird.

Geld interessiert mich nicht, ich möchte nur
wunderbar sein.

Hollywood ist ein Ort, wo sie dir 50.000 Dollar
für einen Kuss und 50 Cent für deine Seele bezahlen.

Ich habe nichts dagegen, dass unsere Welt
eine Männerwelt ist, solange ich die Frau darin bin.

Ich habe zuviel Fantasie, um eine Hausfrau zu sein.

Ich weiß nicht, wer die hohen Absätze erfand,
aber die Frauen verdanken ihnen viel.

Karriere ist etwas Herrliches, aber man kann sich
nicht in einer kalten Nacht an ihr wärmen.

Neid ist der Schatten, den der Erfolg wirft.

Sex ist ein Teil der Natur. Ich schließe mich
der Natur an.

Wahre Schönheit und Weiblichkeit sind alterslos
und nicht künstlich herstellbar.

Was trage ich im Bett? Warum, Chanel Nr. 5,
selbstverständlich.

Wenn ich immer alle Regeln befolgt hätte,
hätte ich es nie zu etwas gebracht.

Wenn man jung und gesund ist, kann man sich
am Montag umbringen wollen und am Mittwoch
schon wieder lachen.

Wer morgens betet, hat den ganzen Rest des Tages
Zeit für Spaß und Sauereien.

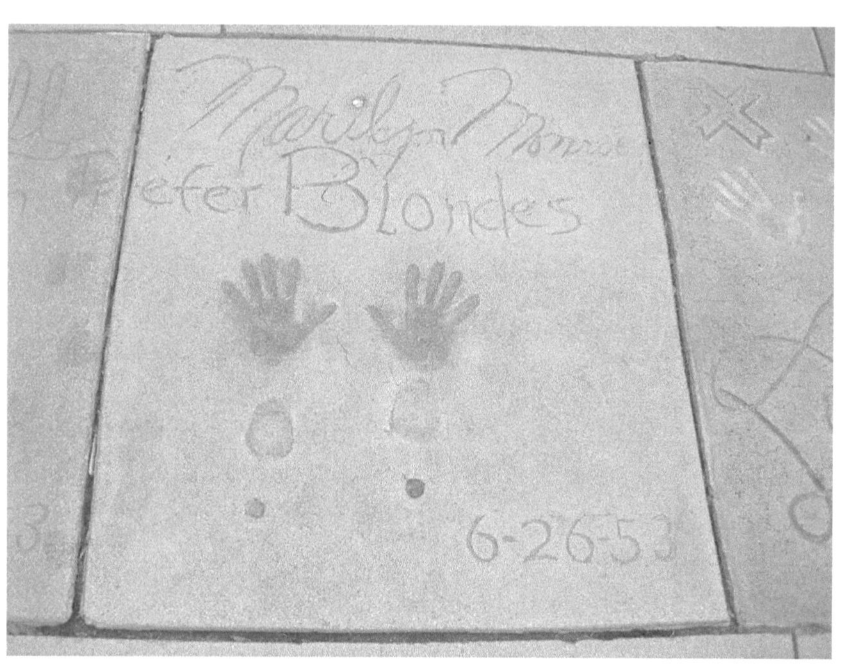

Hand- und Fußabdruck von Marilyn Monroe
vom 26. Juni 1953
vor Grauman's Chinese Theatre in Hollywood

Auszeichnungen
von Marilyn Monroe

1951: Golden Globe Henrietta-Award für die
vielversprechendste Persönlichkeit des Jahres
1952: Photoplay Award: Spezial Award
1952: Look Magazine: Persönlichkeit des Jahres 1952
1953: Golden Globe Henrietta Award: World Film
Favorite Female
1953: Photoplay Award für den am schnellsten
aufsteigenden Star von 1952
1953: Redbook-Preis für die beste junge Kassen-
erfolg-Persönlichkeit
1953: Hand- und Fußabdruck vor Grauman's Chinese
Theatre in Hollywood
1954: Photoplay Award für die beste Schauspielerin
in „Blondinen bevorzugt" und „Wie angelt man sich
einen Millionär?"
1954: Golden Globe Henrietta-Award World Film
Favorite – Female
1956: Nominierung für den British Film Academy
Award als beste ausländische Schauspielerin in „Das
verflixte 7. Jahr"
1957: Golden Globe Nominierung für die beste
Hauptdarstellerin – Komödie oder Musical für „Bus
Stop"

1958: Laurel Award Nominierung als Top Female Star
1958: Nominierung für den British Film Academy
Award als beste ausländische Schauspielerin in „Der
Prinz und die Tänzerin"
1958: David di Donatello (Italien) für die beste
ausländische Schauspielerin in „Der Prinz und die
Tänzerin"
1958: Laurel Award Nominierung als Top Female
Performance in „Der Prinz und die Tänzerin"
1959: Laurel Award Nominierung als Top Female Star
1959: Étoile de Cristal (Frankreich) für „Der Prinz
und die Tänzerin"
1960: Laurel Award Nominierung als beste
Hauptdarstellerin in „Manche mögen's heiß"
1960: Laurel Award Nominierung als Top Female Star
1960: Golden Globe Award in der Kategorie Beste
Hauptdarstellerin – Komödie oder Musical für „Manche
mögen's heiß"
1961: Laurel Award Nominierung als Top Female Star
1962: Laurel Award Nominierung als Top FemaleStar
1962: Golden Globe Award als beliebteste Schauspielerin der Welt

Quelle: Wikipedia

Marilyn Monroe in der Musik

Ray Anthony komponierte den Song „My Marilyn"
und sang ihn 1952 für Monroe anlässlich einer
Promotion zum Film Niagara.
1973 erschien der Song „Candle in the Wind" auf
Elton Johns Album „Goodbye Yellow Brick Road"
als eine Huldigung an Monroe. Das Lied wurde 1997
zur Beerdigung von Prinzessin Diana mit
verändertem Text neu aufgelegt.
1974 veröffentlichte Hildegard Knef auf der B-Seite
ihrer Single „Der alte Wolf" ein Lied unter dem Titel
„Und sie hieß Marilyn".
1975 schrieb Cliff Jones das Musical „Hey Marilyn"
über das Leben von Marilyn Monroe. Die Hauptrolle
verkörperte Beverly D'Angelo.
1979 sang Udo Lindenberg auf seinem Album „Der
Detektiv – Rock Revue II" eine deutsche Version von
„Candle in the Wind". Titel des Liedes: „Goodbye,
Norma Jean".
1981 schrieb die Horrorpunk-Band „Misfits" das
Lied „Who Killed Marilyn?" über Marilyn Monroes
Tod. Der Name der Band erinnert an Monroes Film
„Misfits – Nicht gesellschaftsfähig".
1994 schrieb die Band „Suede" mit dem Lied
„Heroine" auf ihrem Album „Dog Man Star album"

eine Hommage an Monroe.

Marilyn Monroe wird in vielen Songs erwähnt, unter anderem in Madonnas „Vogue", Billy Joels „We Didn't Start the Fire", in „The Actor" von Robbie Williams, „Dance In The Dark" von Lady GaGa, in „Z twarza Marilyn Monroe" („Mit dem Gesicht von Marilyn Monroe") von der polnischen Band „Myslovitz" oder in „Celluloid Heroes" von „The Kinks".

Der Name der Band „Norma Jean" fußt auf Monroes Geburtsnamen.

„Marilyn Mansons" Band- und Künstlername ist eine Kombination aus dem Vornamen von Monroe und dem Nachnamen von Charles Manson.

Quelle: Wikipedia

Filme über Marilyn Monroe

„Goodbye, Norma Jean" (1976), mit Misty Rowe.
Der Film erzählt den Aufstieg der Monroe zum Star.
„Insignificance – Die verflixte Nacht" (1985),
mit Theresa Russell. Marilyn Monroe trifft Albert
Einstein.
„Goodnight, Sweet Marilyn" (1989), mit Paula Lane
und Misty Rowe. Die letzten Jahre der Monroe
werden geschildert.
„Calendar Girl" (1993), mit Stéphanie Anderson,
Jason Priestley und Jerry O'Connell. Zwei Fans
bemühen sich um ein Treffen mit Marilyn Monroe.
„Marilyn – Ihr Leben" (1996), mit Ashley Judd als
Norma Jean und Mira Sorvino als Marilyn. Norma
Jean gibt Ratschläge zum Lebenswandel.
„The Island „(1998), mit Sally Kirkland. Der Film
befasst sich mit der Affäre von Monroe und
US-Präsident John F. Kennedy.
„My Week with Marilyn" (2011), mit Michelle
Williams als Marilyn Monroe. Der Film berichtet von
den Dreharbeiten für den Streifen „Der Prinz und die
Tänzerin" in England.

Quelle: Wikipedia

Marilyn Monroe in der Kunst

Willem de Kooning: Marilyn Monroe (Ölmalerei
auf Leinwand, 1954)
Andy Warhol: Marilyn Diptych (Acrylsiebdruck
auf Leinwand, 1962)
James Rosenquist: Marilyn Monroe I (Öl und Lack-
spray auf Leinwand, 1962)
Mimmo Rotella: Marilyn Monroe (handkolorierte
Décollage), 1962)
Richard Hamilton: My Marilyn (Fotos und Öl
auf Leinwand, 1966)
Salvador Dalí: Mao Monroe (Öl auf Perspex, 1967)
Robert Rauschenberg: Test Stone #1
(Lithografiedruck auf Papier, 1967)
George Segal: The Film Poster (Papierdruck, 1967)
Richard Lindner: Marilyn was here (17 Lithographien,
1970)
Ray Johnson: Dear Marilyn Monroe (Collage, 1972–
1994) und Dear Marilyn Monroe, To Chuck Close
(Collage, 1980–1994)
Audrey Flack: Marilyn: Golden Girl (Öl auf Acryl,
1978)

Richard Serra: Marilyn Monroe–Greta Garbo (Stahl-Skulptur und Lithografie, 1981)
Gottfried Helnwein: In Boulevard of Broken Dreams (Mischtechnik auf Karton 1984) werden die Figuren von Edward Hoppers Gemälde Nighthawks (1942) durch Humphrey Bogart, Marilyn Monroe, Elvis Presley und James Dean ersetzt.
Peter Blake: Marilyn Monroe Over a Painting No 1 (Foto auf Gemälde, 1989-1990), Marilyn Monroe Wall No 2 (Assemblage, 1990), MM Red Yellow (Collage, 1990), M for Marilyn Monroe (Screenprint-Siebdruck, 1991) und H.O.M.A.G.E. – JJ MM RR KS (Collage, 1991)
Douglas Gordon: As Kurt Cobain, as Andy Warhol, as Myra Hindley, as Marilyn Monroe (Selbstportrait als Farbfotografie, 1996)
Barbara Kruger: Not Stupid Enough (beschriftete Schwarzweißfotografie, 1997)
Mel Ramos: Peek-a-boo Marilyn (Farblithografie, 2002)
Gina Lollobrigida: My Friend Marilyn Monroe (Bronze-Skulptur, 2003)

Quelle: Wikipedia

Literatur

CAPOTE, Truman: Marilyn Monroe & Co. Zürich 2009
CONWAY, Michael / RICCI, Mark Ricci: Marilyn
Monroe und ihre Filme, München 1980
DIENES, André de Dienes: Marilyn, Köln 2002
FEMBIO Frauen-Biographie-Forschung
http://www.fembio.org
GEIGER, Ruth-Ester: Marilyn Monroe, Reinbek bei
Hamburg 1995
HEINZLMEIER, Adolf / SCHULZ, Bernd /
WITTE, Karsten: Die Unsterblichen des Kinos, Band
2, Glanz und Mythos der Stars der 40er und 50er Jahre,
Frankfurt am Main 1980
INTERNET MOVIE DATABASE
(Film-Datenbank) http://www.imdb.com

JACKE: Andreas Jacke: Marilyn Monroe und die
Psychoanalyse, Gießen 2005

LEAMING, Barbara: Marilyn Monroe. Die Biographie
jenseits des Mythos, München 1999

MAILER, Norman: Marilyn Monroe. Eine Biographie,
München und Zürich 1993

MECACCI, Luciano: Der Fall Marilyn Monroe und
andere Desaster der Psychoanalyse, München 2005

PROBST, Ernst: Superfrauen 7 – Film und Theater,
Mainz-Kostheim 2001

PROBST, Ernst: Königinnen des Films, München 2012
PUBLIKUMSLIEBLINGE NICHT NUR VON GESTERN http://www.steffi-line.de
Internetseite von Stephanie D'heil, Düsseldorf
SCHNEIDER, Michael: Marilyn Monroes letzte Sitzung, München 2007
SMITH, Matthew: Warum musste Marilyn Monroe sterben? Frankfurt am Main 2003
SPOTO, Donald: Marilyn Monroe. Die Biographie, München 1993

STERN, Bert Stern: Marilyn Monroe – The Last Sitting, München 2002

VERLHAC, Anne (Herausgeber.): Marilyn Monroe, Leipzig 2007
VICTOR, Adam: Marilyn Monroe. Enzyklopädie, Köln 2000
WIKIPEDIA (Online-Lexikon) http://wikipedia.org
WINNERT, Derek (Herausgeber): Marilyn Monroe. Aus: Kino. Die große Welt der Filme und Stars, S. 132, Niedernhausen 1995

Bildquellen

Klaus Benz, Fotograf, Mainz-Laubenheim: 50

Reproduktion eines Fotos eines Mitarbeiters der amerikanischen Bundesregierung oder einem seiner Organe in Ausübung seiner dienstlichen Pflichten vom 17. Februar 1954: 17

Reproduktion eines Fotos von Cecil W. Stoughton, offizieller Fotograf des Weißen Hauses, vom 29. Mai 1962: 22

Reproduktion eines Fotos von 1954 im Zuständigkeitsbereich der Regierung von Japan: 16
http://www.geocities.jp/nkqrd375/teikokuhotel.html

Jürgen Graf (Foto von 1993): 24 (via Wikimedia Commons), Lizenz: gemeinfrei

Ralf Krampe/CC-BY-SA2.0: 24, Ölgemälde von 2005, http://www.ralf-krampe.kulturserver-nrw.de
(via Wikimedia Commons), lizensiert unter CreativeCommons-Lizenz by-sa-2.0-de
http://creativecommons.org/licenses/by-sa/2.0.de/legalcode

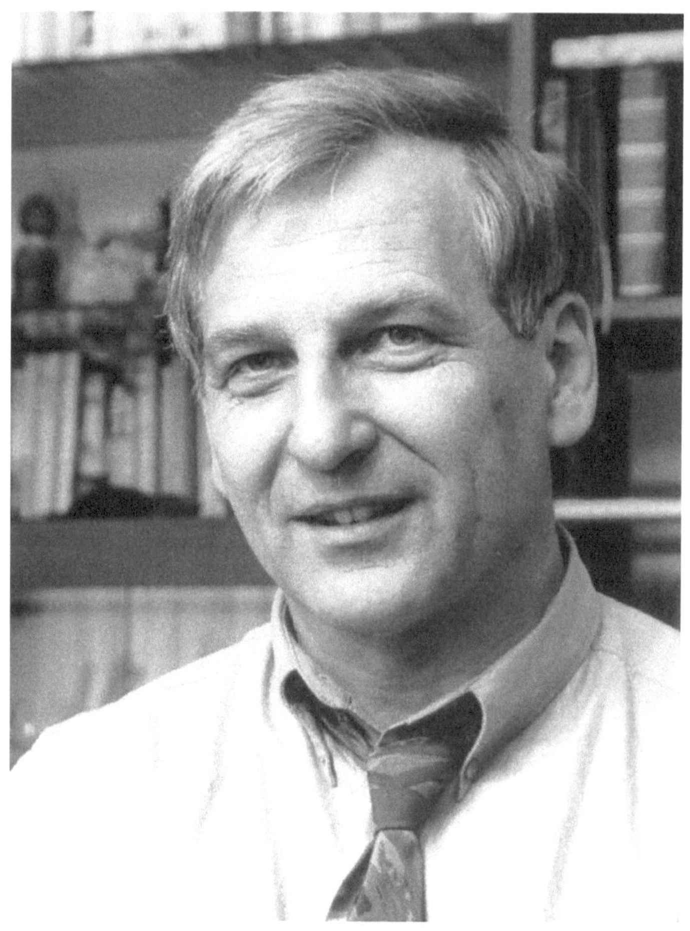

Autor Ernst Probst

Der Autor Ernst Probst

Ernst Probst, geboren am 20. Januar 1946 in Neunburg vorm Wald im bayerischen Regierungsbezirk Oberpfalz, ist Journalist und Wissenschaftsautor. Er arbeitete von 1968 bis 1971 als Redakteur bei den „Nürnberger Nachrichten", von 1971 bis 1973 in der Zentralredaktion des „Ring Nordbayerischer Tageszeitungen" in Bayreuth und von 1973 bis 2001 bei der „Allgemeinen Zeitung", Mainz. In seiner Freizeit schrieb er Artikel für die „Frankfurter Allgemeine Zeitung", „Süddeutsche Zeitung", „Die Welt", „Frankfurter Rundschau", „Neue Zürcher Zeitung", „Tages-Anzeiger", Zürich, „Salzburger Nachrichten", „Die Zeit", „Rheinischer Merkur", „Deutsches Allgemeines Sonntagsblatt", „bild der wissenschaft", „kosmos", „Deutsche Presse-Agentur" (dpa), „Associated Press" (AP) und den „Deutschen Forschungsdienst" (df). Aus seiner Feder stammen die Bücher „Deutschland in der Urzeit" (1986), „Deutschland in der Steinzeit" (1991) und „Deutschland in der Bronzezeit" (1996). Von 2001 bis 2006 betätigte sich Ernst Probst als Buchverleger sowie zeitweise als internationaler Fossilienhändler und Antiquitätenhändler. Insgesamt veröffentlichte er rund 200 Bücher, Taschenbücher, Broschüren und E-Books.

Bücher von Ernst Probst

(Auswahl)

Als Mainz noch nicht am Rhein lag

Annie Oakley
Die Meisterschützin des Wilden Westens

Archaeopteryx. Der Urvogel
aus Bayern

Christl-Marie Schultes. Die erste Fliegerin in Bayern
(zusammen mit Theo Lederer)

Cortés und Malinche. Der spanische Eroberer
und seine indianische Geliebte

Der Europäische Jaguar

Der Mosbacher Löwe
Die riesige Raubkatze aus Wiesbaden

Der Rhein-Elefant
Das Schreckenstier von Eppelsheim

Eiszeitliche Leoparden in Deutschland

Frauen im Weltall

Hildegard von Bingen. Die deutsche Prophetin

Höhlenlöwen. Raubkatzen
im Eiszeitalter

Julchen Blasius
Die Räuberbraut des Schinderhannes

Katharina II. die Große.
Die Deutsche auf dem Zarenthron

Johann Jakob Kaup
Der große Naturforscher aus Darmstadt

Königinnen der Lüfte in Deutschland

Königinnen der Lüfte in Europa

Königinnen der Lüfte in Amerika

Königinnen der Lüfte von A bis Z

Rund 70 Kurzbiografien berühmter Fliegerinnen,
Ballonfahrerinnen, Luftschifferinnen,
Fallschirmspringerinnen, Astronautinnen und
Kosmonautinnen

Königinnen des Films

Königinnen des Tanzes

Königinnen des Theaters

Malende Superfrauen

Meine Worte sind wie die Sterne

Die Entstehung der Rede des Häuptlings Seattle
(zusammen mit **Sonja Probst**)

Monstern auf der Spur
Wie die Sagen über Drachen, Riesen
und Einhörner entstanden

Neues vom Ur-Rhein
Interview mit dem Geologen und Paläontologen
Dr. Jens Sommer

Österreich in der Frühbronzezeit

Österreich in der Mittelbronzezeit

Österreich in der Spätbronzezeit

Pompadour und Dubarry. Die Mätressen
von Louis XV.

Raub-Dinosaurier von A bis Z.
Mit Zeichnungen von Dmitry Bogdanav
und Nobu Tamura

Rekorde der Urmenschen
Erfindungen, Kunst und Religion

Rekorde der Urzeit
Landschaften, Pflanzen und Tiere

Säbelzahnkatzen. Von Machairodus
bis zu Smilodon

Säbelzahntiger am Ur-Rhein. Machairodus
und Paramachairodus

Superfrauen aus dem Wilden Westen

Superfrauen 1 – Geschichte

Superfrauen 2 – Religion

Superfrauen 3 – Politik

Superfrauen 4 – Wirtschaft und Verkehr

Superfrauen 5 – Wissenschaft

Superfrauen 6 – Medizin

Superfrauen 7 – Film und Theater

Superfrauen 8 – Literatur

Superfrauen 9 – Malerei und Fotografie

Superfrauen 10 – Musik und Tanz

Superfrauen 11 – Feminismus und Familie

Superfrauen 12 – Sport

Superfrauen 13 – Mode und Kosmetik

Superfrauen 14 – Medien und Astrologie

Tony und Bruno Werntgen. Zwei Leben für die Luftfahrt
(zusammen mit Paul Wirtz)

Was ist ein Menhir?
Interview mit dem Mainzer Archäologen
Dr. Detert Zylmann

Weisheiten der Indianer

Wer ist der kleinste Dinosaurier?
Interviews mit dem Wissenschaftsautor Ernst Probst

Wer war der Stammvater der Insekten?
Interview mit dem Stuttgarter Biologen
und Paläontologen Dr. Günther Bechly

Zenobia von Palmyra.
Eine Frau kämpft gegen die Römer

Bestellungen bei: http://www.grin.com